● はじめに ●

クリームソーダを作って飲むのはとびきり特別なことではなく、
ささやかな一息の時間。
けれど、日常を心ときめく素敵なひとときに変えてくれると
僕は思っています。

僕は服のデザイナーであるのと同時に、
旅する喫茶の店主であり、クリームソーダ職人です。
友人と話していたのがきっかけで作りはじめてから、
日々、新しいクリームソーダを研究し、
備忘録を兼ねて、SNSに投稿するようになりました。

シュワシュワの炭酸の泡がシロップで色づいていき、
氷を入れたグラスに注がれる。
クリームソーダ作りは、見ているだけで癒やされるものです。
旬のフルーツや旅先の食材で作るのも、とても楽しい。

本書では、見た目が美しいのはもちろん、味の美味しさにもこだわり、
とっておきのクリームソーダとフロートのレシピを紹介しました。
みなさんも、時には一人で、時には大切な人と一緒に、
クリームソーダ作りを楽しんでみませんか？

Contents

はじめに ……………………………… 002
クリームソーダを作る前に ……… 008

Chapter 1　空色のクリームソーダ

Recipe 01
青空を注いだ
クリームソーダ ……… 010

Recipe 02
夕焼け色の
クリームソーダ ……… 012

Recipe 03
マジックアワーの
クリームソーダ ……… 014

Recipe 04
夜空の
クリームソーダ ……… 016

Recipe 05
月の
クリームソーダ ……… 018

Column 01
・グラスのこと・ ……………… 020

Chapter 2　フルーツのクリームソーダ

Recipe 06
レモンとローズマリーの
クリームソーダ ……… 022

Recipe 07
バラが咲く
クリームソーダ ……… 024

Recipe 08
まるごとメロンの
クリームソーダ ……… 026

Recipe 09
パイナップルの
クリームソーダ ……… 028

Recipe 10
マンゴーの
クリームソーダ ……… 030

Recipe 11
ミックスベリーの
クリームソーダ ……… 032

Recipe 12
すりおろしりんごとゆずの
クリームソーダ ……… 034

Column 02
・材料のこと・ ……………… 036

Chapter 3　なつかしのクリームソーダ

Recipe 13
3色シロップの
クリームソーダ ……… 038

Recipe 14
チョコバナナの
クリームフロート ……… 040

Recipe 15
淡夏のカルピス
クリームソーダ ……… 042

Recipe 16
淡色ゼリーの
クリームソーダ ……… 044

Recipe 17
ラムネで作る
クリームソーダ ……… 046

Recipe 18
はちみつレモンの
クリームソーダ ……… 048

Column 03
・溶けないクリームソーダ・ … 050

006

Chapter 4　宝石 の クリームソーダ

Recipe 19
エメラルドの
クリームソーダ 052

Recipe 20
サファイアの
クリームソーダ 054

Recipe 21
ガーネットの
クリームソーダ 056

Recipe 22
琥珀の
クリームソーダ 058

Recipe 23
ターコイズの
クリームソーダ 060

Column 04
・僕がクリームソーダを作るわけ・ 062

Chapter 5　季節 の クリームソーダ

Recipe 24
春色の
クリームソーダ 064

Recipe 25
紫陽花の
クリームソーダ 066

Recipe 26
夏色ミントの
クリームソーダ 068

Recipe 27
色づく紅葉の
クリームソーダ 070

Recipe 28
秋色のマロン
クリームフロート 072

Recipe 29
雪の日の
クリームソーダ 074

Recipe 30
クリスマスの
クリームソーダ 076

Column 05
・ 思い出のクリームソーダ ・ 078

Chapter 6　大人 の クリームソーダ

Recipe 31
ジンジャーシロップの
クリームソーダ 080

Recipe 32
抹茶ミルクのフロート 082

Recipe 33
梅酒の
クリームソーダ 084

Recipe 34
日本酒とフルーツ缶の
クリームソーダ 086

Recipe 35
カルーアコーラの
クリームソーダ 088

Column 06
・ クリームソーダ会をしよう ・ 090

おわりに 094

007

How to make Cream soda

• クリームソーダを作る前に •

作りたいクリームソーダを想像して、
グラスや材料を準備しましょう。
完成図を描くのもおすすめ。
写真を撮るなら場所のセッティングも忘れずに。

氷は隙間なく入れる

グラスに氷を入れる時は、できるだけ隙間なく詰めるようにしましょう。氷をちゃんと詰めておかないと、アイスをのせた時に沈み、形が崩れてしまいます。

ステア、注ぐ時はそっと

シロップや炭酸水は優しくグラスに注ぎましょう。勢いがありすぎると泡が溢れてしまったり、炭酸が抜けてしまいます。ステアする時もそっと混ぜてください。

グラスを振ってなじませる

できるだけ氷を詰めて入れても、どうしても隙間が空いてしまいます。そこで、炭酸水を途中まで注いだら、グラスをカラカラと軽く振って氷を少し溶かしながらなじませましょう。

ディッシャーは温める

アイスディッシャーを事前にぬるま湯で温めておくときれいにすくえるのでおすすめです。温めすぎるとアイスが溶けてしまうので、ぬるめの水にさっと通すくらいで大丈夫です。

- 大さじ1=15㎖（15cc）、小さじ1=5㎖（5cc）です。
- レシピには目安となる分量や調理時間を表記しておりますが、様子を見ながら加減してください。グラスのサイズによって分量がかわってくるため、本書では多めの分量を表記しております。● 「洗う」「皮をむく」「へたを取る」などの基本的な下ごしらえは省略しております。

空色の
クリームソーダ

Sky.

Blue sky
Alpenglow
Magic hour
Night sky
Moon

Blue sky

青空を注いだクリームソーダ

忙しい毎日に、見上げることもなくなった青い空。
人生という地図に迷いこんだ時に思い出してほしい、
空色をグラスに注ぐ。

● 材料（1杯分）●

【水色シロップ】
青色シロップ……………………… 15mℓ
ガムシロップ（8mℓ）…………… 2個

青色シロップ……………………… 20mℓ
氷…………………………………… 適量
炭酸水……………………………… 125mℓ
バニラアイス、さくらんぼ ……… 各適量

● 作り方 ●

1　計量カップに水色シロップの材料を入れ、混ぜ合わせる。

2　グラスに青色シロップを入れ、氷をそっと入れる。

3　1の水色シロップに炭酸水を注ぎ、そっと混ぜる。

4　2のグラスに3の炭酸水を少し注ぎ、水色と青の境目をマドラーでそっと混ぜて、グラデーションを作る。残りの炭酸水をそっと注ぐ。

5　バニラアイスをのせ、さくらんぼを飾る。

夕焼け色の クリームソーダ

Alpenglow

赤くなる空と、染まる世界の色。
時間は少しずつ過ぎていくけれど、
あの日見た夕焼けは心の中にずっとある。

Recipe 02

● 材料（1杯分）●

オレンジ	½個	グレナデンシロップ	15㎖
A｜ガムシロップ（8㎖）	2個	氷	適量
｜炭酸水	125㎖	バニラアイス、さくらんぼ	各適量

● 作り方 ●

1. しぼり器でオレンジの果汁をしぼる。

2. 計量カップに 1 のオレンジ果汁と A を注ぎ、そっと混ぜる。別の計量カップにグレナデンシロップを入れる。

3. グラスにグレナデンシロップを入れ、氷をそっと入れる。

4. 2 の炭酸水を少し注ぐ。

5. オレンジと赤の境目をマドラーでそっと混ぜて、グラデーションを作る。残りの炭酸水をそっと注ぐ。

6. バニラアイスをのせ、さくらんぼを飾る。

Magic hour

マジックアワーの
クリームソーダ

今宵の空は、魔法の色。
大切な人と過ごす、
夢のような時間に魔法をかけて。

〜〜〜〜〜〜〜〜〜

● 材料（1杯分）●

グレナデンシロップ	15㎖
氷	適量
青色シロップ	25㎖
炭酸水	125㎖
さくらんぼ、バニラアイス、 　　ミント	各適量

● 作り方 ●

1 グラスにグレナデンシロップを入れる。

2 氷をそっと入れ、途中でさくらんぼをバランスよく入れる。

3 計量カップに青色シロップと炭酸水を注ぎ、そっと混ぜる。

4 3の炭酸水をグラスに少し注ぎ、赤と青の境目をマドラーでそっと混ぜて、グラデーションを作る。残りの炭酸水をそっと注ぐ。

5 バニラアイスをのせ、ミントを添える。

Recipe 04

Night sky

夜空 のクリームソーダ

夜を溶かしたクリームソーダ。
グラデーションが混ざらないように、
ゆっくり注いでください。

● 材料（1杯分）●

【紫色シロップ】
赤色シロップ ･････････････････････････ 15mℓ
青色シロップ ･････････････････････････ 5mℓ

青色シロップ ･････････････････････････ 15mℓ

【水色シロップ】
青色シロップ ･････････････････････････ 5mℓ
ガムシロップ（8mℓ）･････････････････ 1個

炭酸水 ･･･････････････････････ 60mℓ×2
氷 ･･･････････････････････････････････ 適量
バニラアイス、さくらんぼ･･･････････ 各適量

● 作り方 ●

1 紫色シロップの材料、青色シロップ、水色シロップの材料をそれぞれ別の計量カップに入れ、混ぜる。

2 青色シロップと水色シロップの計量カップに各60mℓずつ炭酸水を注ぎ、そっと混ぜる。

3 グラスに紫色シロップを入れ、氷をそっと入れる。

4 2の青色の炭酸水を注ぎ、紫と青の境目をマドラーでそっと混ぜて、グラデーションを作る。

5 2の水色の炭酸水を注ぎ、青と水色の境目をマドラーでそっと混ぜて、グラデーションを作る。

6 バニラアイスをのせ、さくらんぼを飾る。

月のクリームソーダ
Moon

月の欠片を集めたクリームソーダ。
満月の夜には、
そっとミントを添えて。

Recipe 05

● 材料（1杯分） ●

【月の欠片】
黄色シロップ …………… 100mℓ
水 …………………………… 400mℓ

ガムシロップ（8mℓ）……… 2個
炭酸水 ……………………… 125mℓ
バニラアイス、ミント … 各適量

● 作り方 ●

1　月の欠片の材料を混ぜ合わせて製氷皿に注ぎ、冷凍庫で凍らせておく。

2　グラスに適当な大きさに割った月の欠片をそっと入れる。

3　計量カップにガムシロップと炭酸水を注ぎ、そっと混ぜる。

4　3の炭酸水を、2のグラスにそっと注ぐ。

5　バニラアイスをのせて、ミントを添える。

● Point ●

左／シロップを入れて作った氷はさくさく割れやすいので、あまり細かく割らないようにしましょう。
右／グラスにめいっぱい詰めてください。

019

Column 01

• グラスのこと •

グラスを選ぶ時にはまず、「どんなクリームソーダを作りたいか?」と、イメージしてみるといいと思います。例えば、シロップの色のグラデーションを美しく見せたいクリームソーダなら、細長いグラス。ほっこり優しい雰囲気に仕上げたい時は、丸いフォルムのグラスを選ぶのがいいかもしれません。

また、グラスの口径も大切です。アイスの横にさくらんぼなどを添えたい場合は、アイスの大きさ＋1cmくらいだとバランスがよく見えますし、アイスだけ、あるいはアイスの上にトッピングをする場合は、アイスの大きさ＋0.5cmくらいがベストバランスです。

ちなみに僕が持っているグラスは、たまたま街で見つけたもの、100円ショップのもの、昭和のものなど、いろいろ。基本的には脚付きのシンプルなものが好きですが、ボヘミアガラスのような繊細な模様が入ったものも好きです。オパルセントガラスのものも、いつか手に入れたい。素敵なグラスを見つけると、「どんなクリームソーダを作ろう?」と、妄想がとまりません。

みなさんも、自分がときめくグラスを選んでくださいね。

フルーツの
クリームソーダ

Fruits.

Lemon and rosemary
Strawberry
Melon
Pineapple
Mango
Mixed berry
Grated apple and yuzu

Lemon and rosemary

レモンとローズマリーの
クリームソーダ

レモン生しぼりのフレッシュさに
ローズマリーの風味を加えた、
爽やかなクリームソーダ。
気分をリフレッシュしたい時におすすめです。

● 材料（1杯分）●

レモン	1個
ガムシロップ（8ml）	2個
炭酸水	140ml
氷	適量
ローズマリー	2〜3本
バニラアイス	適量

● 作り方 ●

1 レモンを半分に切り、半分はしぼり器で果汁をしぼる。残り半分は2mm幅の輪切りにする。

2 計量カップに**1**のレモン果汁、ガムシロップ、炭酸水を注ぎ、そっと混ぜる。

3 グラスに氷をそっと入れ、途中でローズマリーと**1**の輪切りのレモン適量をバランスよく入れる。

4 **2**の炭酸水をそっと注ぐ。

5 バニラアイスをのせて、残りの輪切りのレモンを添える。

バラが咲く
　クリームソーダ

いちごを赤いバラに見立てたクリームソーダ。
新鮮ないちごを使い、
果汁たっぷりで作ります。

● 材料（1杯分）●

いちご	10個程度
ガムシロップ（8ml）	2個
レモン汁	小さじ1
炭酸水	70ml
氷	適量
バニラアイス、ミント	各適量

● 作り方 ●

1. いちごは1個をトッピング用として、切って花形にする。

2. 残りのいちご、ガムシロップ、レモン汁をミキサーに入れ、混ぜる。うまく混ざらない時は水少々（分量外）を加える。

3. 計量カップに *2* を70ml入れ、炭酸水を注ぎ、そっと混ぜる。

4. グラスに氷を入れて、*3* の炭酸水をそっと注ぐ。

5. バニラアイスをのせて、*1* のトッピング用のいちごとミントを添える。

● Point ●

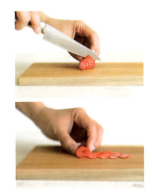

いちごは薄切りにして、少しずつずらして並べ、端からくるくると巻いていくと簡単に花の形が作れます。

025

まるごとメロン の クリームソーダ

丸くくり抜いたメロンは甘くてジューシー。
果汁も余すことなく使って作りましょう。
ひんやり冷やしたメロンの果肉とアイスが絡み合って、
とろけるような食感です。

● 材料（1杯分）●

メロン（冷やしておく）
　………………………… 小1個
炭酸水 ………………………… 適量
ガムシロップ（8mℓ）………… 2個
氷 ……………………………… 適量
バニラアイス、さくらんぼ
　………………………… 各適量

● Point ●

アイスディッシャーを活用してメロンを丸くくり抜きます。軽く回転させるイメージでくり抜くと丸くなります。

● 作り方 ●

1. メロンはヘタを上にして、横に切る。種を取り除き、果肉を丸くくり抜く。この時に出た果汁は計量カップに入れておく。

2. 果汁を入れた計量カップに炭酸水を1：1の割合になるように注ぎ、ガムシロップを入れ、そっと混ぜる。

3. 1で果肉をくり抜いたメロンの皮に氷を半分くらいの高さまで入れ、くり抜いた果肉を上に敷き詰める。

4. 2の炭酸水をそっと注ぐ。

5. バニラアイスをのせて、さくらんぼを飾る。

Pineapple

パイナップルの
クリームソーダ

フレッシュなパイナップルは甘みと酸味のバランスが絶妙。
果肉をそのまま使っているので、
喉ごしも楽しいクリームソーダです。
炭酸が苦手な方はそのままでも、水割りでも。

● 材料（1杯分）●

パイナップル	小1個
ガムシロップ（8ml）	2個
炭酸水	70ml
氷	適量
バニラアイス、さくらんぼ	各適量

● 作り方 ●

1 パイナップルは1切れをトッピング用として、切っておく。

2 残りのパイナップルを一口大に切ってミキサーに入れ、ガムシロップを加え、混ぜる。うまく混ざらない時は水少々（分量外）を加える。

3 計量カップに2を70ml入れ、炭酸水を注ぎ、そっと混ぜる。

4 グラスに氷を入れて、3の炭酸水をそっと注ぐ。

5 バニラアイスをのせて、1のトッピング用のパイナップルとさくらんぼを飾る。

Mango

マンゴーのクリームソーダ

レモンの果汁を加えた炭酸水が
マンゴーの甘みを引き立てるクリームソーダ。
とろけるマンゴーの濃厚な果肉とアイスも、
一緒に味わってください。

● 材料（1杯分）●

冷凍マンゴー ……………… 150g
ガムシロップ（8ml）……… 2個
レモン汁 …………………… 小さじ1
炭酸水 ……………………… 140ml
バニラアイス、ミント … 各適量

● 作り方 ●

1　マンゴーは1かけをトッピング用として、細かく刻んでおく。

2　グラスに残りのマンゴーを隙間なく入れる。

3　計量カップにガムシロップ、レモン汁、炭酸水を入れて、そっと混ぜる。

4　*2*のグラスに、*3*の炭酸水をそっと注ぐ。

5　バニラアイスをのせて、*1*のトッピング用のマンゴーとミントを添える。

Mixed berry

ミックスベリーの
クリームソーダ

Recipe 11

味も見た目も甘すぎない、大人の雰囲気。
甘酸っぱいベリーを
たっぷり使ったクリームソーダです。
徐々に赤く染まる炭酸水も、魅力のひとつ。

● 材料（1杯分） ●

冷凍ミックスベリー ………… 適量
氷 ……………………………… 適量
ガムシロップ（8㎖）………… 2個
炭酸水 ………………………… 140㎖
バニラアイス、タイム … 各適量

● 作り方 ●

1　ミックスベリーはトッピング用に少し残しておく。グラスに残りのミックスベリーと氷を、バランスを見ながら交互に入れる。

2　計量カップにガムシロップと炭酸水を入れ、そっと混ぜる。

3　1のグラスに2の炭酸水を、そっと注ぐ。

4　バニラアイスをのせて、1のトッピング用のミックスベリーとタイムを添える。

● Point ●

氷と交互にバランスを見ながらミックスベリーを入れましょう。何種類かのベリーを入れると、見た目がきれいな仕上がりに。

Grated apple and yuzu

すりおろしりんごとゆずの
　　　　　　　クリームソーダ

ほっと落ち着くような優しい味。
りんごの甘みとゆずの香りが
ベストマッチなクリームソーダです。

Recipe 12

034

● 材料（1杯分）●

りんご	小1個
砂糖	大さじ1
A ガムシロップ（8㎖）	1個
ゆずジャム	小さじ1
レモン汁	小さじ1
炭酸水	70㎖
氷	適量
バニラアイス、ゆずジャム（トッピング用）、ミント	各適量

● 作り方 ●

1. りんごは一口大に切る。

2. 小鍋に1のりんごを入れ、浸かるくらいの水（分量外）と砂糖を加え、中火にかけて少し煮る。

3. 2のりんごと煮汁少々、Aをミキサーに入れ、混ぜる。冷蔵庫で冷ましたら計量カップに70㎖入れ、炭酸水を注ぎ、そっと混ぜる。

4. グラスに氷を入れ、3の炭酸水をそっと注ぐ。

5. バニラアイスをのせて、トッピング用のゆずジャムとミントを添える。

• 材料のこと •

クリームソーダの氷は、かちわり氷がおすすめ。作りやすく、見た目もきれいです。大きさがランダムなのでグラスに詰めやすく、アイスをのせやすいというメリットもあります。

食材に関しては、フルーツは基本的には新鮮なものがいいと思いますが、熟したもので作ると案外美味しいことも。とくにバナナは熟していた方がベターです。また、レモンなどの皮ごと使うことが多いものは、防腐剤不使用を選ぶのがいいと思います。ハーブは、育てるのが比較的簡単なので、ホームセンターなどで苗を買ってベランダで作るのもおすすめです。

青、緑、赤などのシロップに関しては、好みのもので構いません。シロップによって若干色味が異なりますので、本書のレシピを参考に好みの色になるよう調整してみてください。自家製のシロップも、基本の作り方さえ覚えてしまえば、発想とアイデア次第でレシピは無限大。市販のシロップに比べて傷みやすいので、なるべくはやく使ってくださいね。お湯で割ったりゼリーにしたりと、クリームソーダ以外にもいろいろな使い道があります。

なつかしの
クリームソーダ

Nostalgic.

Three-color syrup
Chocolate and banana
Calpis
Pastel color jelly
Ramune
Honey and lemon

3色シロップの
クリームソーダ

喫茶店に昔からある色とりどりのクリームソーダ。
緑、黄色、赤。
喫茶店によっても様々な色があります。
お家で作る時も好きな色で作ってみてください。

● 材料（1杯分）●

好みの色のシロップ ……………………… 40㎖
炭酸水 …………………………………… 120㎖
氷 ………………………………………… 適量
バニラアイス、さくらんぼ ……… 各適量

● 作り方 ●

1 計量カップにシロップと炭酸水を注ぎ、そっと混ぜる。

2 グラスに氷を入れ、*1*の炭酸水をそっと注ぐ。

3 バニラアイスをのせて、さくらんぼを飾る。

039

チョコバナナの
クリームフロート

Chocolate and banana

お祭りの屋台にあるチョコバナナを
そのままフロートにアレンジ。
完熟バナナの濃厚な甘みと
チョコアイスの相性はぴったりです。

Recipe 14

● 材料（1杯分）●

バナナ（完熟）……………… 1本	氷 ……………………………… 適量
牛乳 ……………………… 150㎖	チョコアイス、チョコスプレー、
はちみつ ………………… 大さじ1	さくらんぼ、ミント ……… 適量

● 作り方 ●

1. バナナを一口大に切る。

2. *1*のバナナ、牛乳、はちみつをミキサーに入れ、混ぜる。

3. グラスに氷をそっと入れ、*2*を注ぐ。

4. チョコアイスをのせ、チョコスプレーを振り、さくらんぼとミントを添える。

Calpis

淡夏のカルピス
クリームソーダ

レモンの酸味が
カルピスの風味をより引き立ててくれます。
甘酸っぱい夏の思い出のような1杯。

● 材料（1杯分）●

カルピス	25mℓ
レモン汁	小さじ1
炭酸水	125mℓ
氷	適量
レモン（2mm幅の輪切り）	2枚
バニラアイス、さくらんぼ	各適量

● 作り方 ●

1　計量カップにカルピス、レモン汁、炭酸水を注ぎ、そっと混ぜる。

2　グラスに氷をそっと入れ、途中で輪切りのレモンをグラスの側面へバランスよく入れる。

3　1の炭酸水をそっと注ぐ。

4　バニラアイスをのせて、さくらんぼを飾る。

Pastel color jelly

淡色ゼリーの
クリームソーダ

子どもの頃によく食べたミニカップゼリー。
ひんやり凍らせたゼリーとしゅわしゅわのソーダを
スプーンですくって味わってください。

● 材料（1杯分）●

ミニカップゼリー ……… 13個程度
ガムシロップ（8ml）………… 2個
炭酸水 ……………………… 125ml
バニラアイス、ミント … 各適量

● 作り方 ●

1 ゼリーは前日から冷凍庫に入れ、凍らせておく。

2 計量カップにガムシロップ、炭酸水を入れ、そっと混ぜる。

3 1の凍らせておいたゼリーをカップから出し、グラスに隙間なく入れる。

4 2の炭酸水をそっと注ぐ。

5 バニラアイスをのせて、ミントを添える。

● Point ●

凍らせたゼリーを同じ色が重ならないように入れます。基本のクリームソーダの氷と同様に隙間を空けないで詰めましょう。

Ramune

ラムネで作る
クリームソーダ

ラムネを使った、シンプルなクリームソーダ。
レモンを添えて夏の雰囲気。

・材料(1杯分)・

瓶ラムネ ……………………………… 1本
レモン汁 …………………………… 小さじ1
氷 ……………………………………… 適量
さくらんぼ、バニラアイス、
　レモン(3mm幅の半月切り)……… 各適量

・作り方・

1　計量カップにラムネ、レモン汁を注ぎ、そっと混ぜる。

2　グラスに氷をそっと入れ、途中でさくらんぼをバランスよく入れる。

3　1をそっと注ぐ。

4　バニラアイスをのせて、半月切りのレモンを添える。

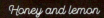

はちみつレモンの　　クリームソーダ

簡単自家製シロップで作るクリームソーダ。
何度でも飲みたくなる爽やかな味わいです。

● 材料（1杯分）●

はちみつレモンシロップ
　……………………… 30㎖
炭酸水 ……………………… 120㎖
氷 …………………………… 適量
レモン（はちみつレモン
　シロップのもの）………… 1枚
バニラアイス、ミント … 各適量

● 作り方 ●

1 計量カップにはちみつレモンシロップ、炭酸水を入れ、そっと混ぜる。

2 グラスに氷をそっと入れ、途中ではちみつレモンシロップのレモンをグラスの側面へバランスよく入れる。

3 *1*の炭酸水をそっと注ぐ。

4 バニラアイスをのせて、ミントを添える。

● Point ●

はちみつレモンシロップの作り方
冷蔵庫で2〜3日ほど保存できます。
お湯で割ったり、ヨーグルトにかけても。

材料（作りやすい分量）
レモン（防腐剤不使用）………………… 1個
はちみつ ………………………………… 適量

1 レモンは2mm幅の輪切りにする。

2 煮沸消毒した容器に入れ、レモンが浸かるくらいのはちみつを加え、密閉して2〜3日冷暗所において完成。

Column 03

• 溶けないクリームソーダ •

　僕にとってクリームソーダは思い出そのものでもあり、思い出写真を撮るきっかけになるものでもあります。あっという間に日々が過ぎていく中で、「あの時こんな素敵な風景に出合ったな」とか「こんな幸せな気持ちだったな」とか、忘れたくないことを、写真があれば少しでも憶えていられる気がするんです。

　同じようにみなさんが思い出を残すきっかけになればいいなと考えて作ったのが、「溶けないクリームソーダ」です。

　本物のクリームソーダとは違ってどこへでも持ち運びができますし、写真が撮りやすいように安定感のあるスクエアタイプにしました。旅先へ持っていったり、普通の日でも、例えば夕日がきれいな時に一緒に写したり……そんな使い方をしていただけたらと思っています。実際に、撮った写真をSNSにあげてくださる方もいて、喜んでいただけているのを見ると、僕もうれしいです。

　お好みの組み合わせで揃えて、お部屋に並べてコレクションするのも楽しめるように、季節ごとに、その年ごとに、新しい「溶けないクリームソーダ」を作っていく予定です。

050

宝石の
クリームソーダ

Jewel.

Emerald
Sapphire
Garnet
Amber
Turquoise

Recipe 19

Emerald

エメラルドの
　　クリームソーダ

エメラルドの宝石言葉は「幸運」。
そんなエメラルドの言葉を
クリームソーダに込めてみました。
何か大切なことがある時の前に
作ってみてください。

● 材料（1杯分）●

【エメラルドの寒天】

A 粉寒天 ………… 4g
　水 ……………… 100mℓ

B グラニュー糖 …… 90g
　緑色シロップ …… 25mℓ
　青色シロップ …… 35mℓ

氷 ……………………… 適量
ガムシロップ（8mℓ）… 2個
炭酸水 …………… 125mℓ
バニラアイス ………… 適量

● 作り方 ●

1. 小鍋にAを入れ、中火にかける。ゆっくり混ぜながら、沸騰してから2分ほど加熱して、しっかり溶かす。

2. 弱火にしてBを加え、溶けて少しとろみが出るまで、混ぜながら煮詰める。

3. バットに流し入れ、粗熱がとれたら、固まるまで2時間程度、冷蔵庫で冷やす。

4. 寒天をバットから取り出し、1cm角に切る。グラスに寒天と氷を、バランスを見ながら交互に入れる。

5. 計量カップにガムシロップと炭酸水を注いで混ぜ、4のグラスにそっと注ぐ。

6. バニラアイスをのせて、4の残りの寒天を細かく切って添える。

※Chapter4の寒天は、すべて作りやすい分量（2～3杯分）となっています。

サファイア の クリームソーダ

Sapphire

空の青さはサファイアの大地を映した色。
昔の人は空を見上げて
そんな風に思っていたそう。
透き通るような青い空を
グラスの中に作ってみましょう。

Recipe
20

● 材料（1杯分）●

【サファイアの寒天】

A	粉寒天	4g
	水	100㎖
B	グラニュー糖	90g
	青色シロップ	40㎖
	赤色シロップ	20㎖

氷	適量
ガムシロップ（8㎖）	2個
炭酸水	125㎖
バニラアイス、	
イタリアンパセリ	各適量

● 作り方 ●

1 小鍋にAを入れ、中火にかける。ゆっくり混ぜながら、沸騰してから2分ほど加熱して、しっかり溶かす。

2 弱火にしてBを加え、溶けて少しとろみが出るまで、混ぜながら煮詰める。

3 バットに流し入れ、粗熱がとれたら、固まるまで2時間程度、冷蔵庫で冷やす。

4 寒天をバットから取り出し、フォークやつまようじでクラッシュする。グラスに寒天と氷を、バランスを見ながら交互に入れる。

5 計量カップにガムシロップと炭酸水を注いで混ぜ、4のグラスにそっと注ぐ。

6 バニラアイスをのせて、4の残りの寒天とイタリアンパセリを添える。

• *Point* •

フォークやつまようじを使って寒天をクラッシュします。ランダムな大きさになるよう削り出していくと、より宝石のような見た目になります。

Garnet

ガーネットの
クリームソーダ

再会の誓いとして贈りあったり、
友情の印とされたりなど、
"絆"の象徴とされるガーネット。
大切な人と一緒に作って
もらいたいクリームソーダです。

● 材料（1杯分）●

【ガーネットの寒天】

A	粉寒天	4g
	水	100ml
B	グラニュー糖	90g
	赤色シロップ	50ml
	緑色シロップ	10ml
	青色シロップ	10ml

氷 ……………………………………… 適量
ガムシロップ（8ml）……………… 2個
炭酸水 ……………………………… 125ml
バニラアイス、ローズマリー … 各適量

● 作り方 ●

1 小鍋にAを入れ、中火にかける。ゆっくり混ぜながら、沸騰してから2分ほど加熱して、しっかり溶かす。

2 弱火にしてBを加え、溶けて少しとろみが出るまで、混ぜながら煮詰める。

3 バットに流し入れ、粗熱がとれたら、固まるまで2時間程度、冷蔵庫で冷やす。

4 寒天をバットから取り出し、フォークやつまようじでクラッシュする。グラスに寒天と氷をバランスを見ながら交互に入れる。

5 計量カップにガムシロップと炭酸水を注いで混ぜ、4のグラスにそっと注ぐ。

6 バニラアイスをのせて、4の残りの寒天とローズマリーを添える。

057

琥珀のクリームソーダ
Amber

琥珀の宝石言葉は「抱擁」。
黒蜜のほっとする味わいの琥珀は
心を癒したい時や
少し疲れちゃったなと感じた時に
作ってみてください。

Recipe
22

● 材料（1杯分）●

【琥珀の寒天】

A	粉寒天	4g
	水	100㎖
B	グラニュー糖	90g
	黒蜜	60㎖

氷 ……………………………… 適量
ガムシロップ（8㎖）……… 2個
炭酸水 ………………………… 125㎖
バニラアイス、ミント … 各適量

● 作り方 ●

1 小鍋に A を入れ、中火にかける。ゆっくり混ぜながら、沸騰してから2分ほど加熱して、しっかり溶かす。

2 弱火にして B を加え、溶けて少しとろみが出るまで、混ぜながら煮詰める。

3 バットに流し入れ、上から黒蜜適量（分量外）をかけ、竹串などで混ぜてマーブル模様にする。粗熱がとれたら、固まるまで2時間程度、冷蔵庫で冷やす。

4 寒天をバットから取り出し、3cm角に切る。グラスに寒天と氷を、バランスを見ながら交互に入れる。

5 計量カップにガムシロップと炭酸水を注いで混ぜ、**4** のグラスにそっと注ぐ。

6 バニラアイスをのせて、**4** の残りの寒天を細かく切ったものと、ミントを添える。

● Point ●

3で寒天をバットに注ぎ入れたら、固まる前に黒蜜をまだらにかけ、竹串などで軽く混ぜ合わせます。混ざり具合が柄になるので混ぜすぎないように注意してください。

Turquoise

ターコイズの クリームソーダ

Recipe 23

勇気を与え、夢や目標の達成へと
導いてくれるとされるターコイズ。
このクリームソーダが
何かを始めたいけど踏み出せない人の
"新たなことにチャレンジするきっかけ"
になったらうれしいです。

● 材料（1杯分）●

【ターコイズの寒天】

A｜粉寒天 ················· 4g
　｜水 ···················· 100mℓ

B｜グラニュー糖 ·········· 90g
　｜カルピス ··············· 50mℓ
　｜青色シロップ ·········· 10mℓ

氷 ························· 適量
ガムシロップ（8mℓ） ········ 2個
炭酸水 ···················· 125mℓ
バニラアイス ··············· 適量

● 作り方 ●

1 小鍋にAを入れ、中火にかける。ゆっくり混ぜながら、沸騰してから2分ほど加熱して、しっかり溶かす。

2 弱火にしてBを加え、溶けて少しとろみが出るまで、混ぜながら煮詰める。

3 バットに流し入れ、粗熱がとれたら、固まるまで2時間程度、冷蔵庫で冷やす。

4 寒天をバットから取り出し、2cm角に切る。グラスに寒天と氷を、バランスを見ながら交互に入れる。

5 計量カップにガムシロップと炭酸水を注いで混ぜ、4のグラスにそっと注ぐ。

6 バニラアイスをのせて、4の残りの寒天を細かく切って添える。

061

• 僕がクリームソーダを作るわけ •

　僕の原点となるのは、祖父母に連れて行ってもらった喫茶店で飲んだ緑色のクリームソーダです。

　小さい頃、祖父母の家に泊まりにいくと、近くの喫茶店に連れて行ってもらって、いつもクリームソーダを注文していました。喫茶店まで歩いていく時間も、クリームソーダを待ちながらお喋りする時間も……、すべてが楽しかったことを、よく憶えています。

　はじめて作ったクリームソーダは、青色。昔から大好きだったクリームソーダを、自分でも作れるとは思っていなくて。びっくりしながらも、どんどんその魅力に心を奪われていきました。

　もともと物作りが好きで服のデザイナーとして活動していたのですが、服を作るうえでの理念が、クリームソーダを作ることと共通項が多いことも、夢中になった理由のひとつかもしれません。どちらも「日々の時間をどう過ごすか」ということが、僕の創作のベースになっています。そして、僕がクリームソーダ職人として広めていきたいことは、子どもの頃に感じた祖父母との思い出のような、楽しくて幸せな時間そのものなのです。

季節の
クリームソーダ

Season.

Spring scenery
Hydrangea
Summer mint
Autumn leaves
Chestnut
Snow day
Christmas

Spring scenery

春色 の クリームソーダ

桜の舞い散る様子をグラスに閉じ込めました。
シロップの甘さと塩漬けの
しょっぱさがクセになる味わいです。

● 材料（1杯分）●

桜の塩漬け ……………………… 適量
氷 ………………………………… 適量
桜シロップ ……………………… 25ml
レモン汁 ………………………… 小さじ1
炭酸水 …………………………… 125ml
バニラアイス、桜フレーク
　　　　　　………………………… 各適量

● 作り方 ●

1　桜の塩漬けは水につけ、塩抜きをする。

2　1の桜の塩漬けはトッピング用に少し残しておく。グラスに残りの桜の塩漬けと氷を、バランスを見ながら交互に入れる。

3　計量カップに桜シロップ、レモン汁、炭酸水を注ぎ、そっと混ぜる。

4　2のグラスに3の炭酸水を、そっと注ぐ。

5　バニラアイスをのせて、桜フレークを振り、2のトッピング用の桜の塩漬けを添える。

紫陽花のクリームソーダ
Hydrangea

雨の日が似合う、特別なクリームソーダ。
お家でゆっくり過ごしたい時に
作ってみてください。

● 材料（1杯分）●

バイオレットシロップ…………………… 20mℓ	ガムシロップ（8mℓ）…2個	ホイップクリーム、
氷 ……………………………… 適量	レモン汁 ……………… 小さじ1	紫色の寒天ゼリー、ミント
	炭酸水 ……………………… 130mℓ	………………………… 各適量

● 作り方 ●

1 グラスにバイオレットシロップを入れ、氷をそっと入れる。

2 計量カップにガムシロップ、レモン汁、炭酸水を注いで混ぜ、**1**のグラスにそっと注ぐ。

3 ホイップクリームを絞る。

4 寒天ゼリーを5mm角程度に切る。

5 **3**のグラスにミントと**4**の寒天ゼリーを添える。

紫色の寒天ゼリーの作り方

紫色の寒天ゼリーは、バイオレットシロップがあれば簡単に作れます。

材料（作りやすい分量）

A	粉寒天 …………………………… 2g
	水 ………………………………… 50mℓ
B	グラニュー糖 …………………… 40g
	バイオレットシロップ ………… 30mℓ

1 小鍋に**A**を入れ、中火にかける。ゆっくり混ぜながら、沸騰してから2分ほど加熱して、しっかり溶かす。

2 弱火にして**B**を加え、溶けて少しとろみが出るまで、混ぜながら煮詰める。

3 バットに流し入れ、粗熱がとれたら、固まるまで2時間程度、冷蔵庫で冷やす。

夏色ミントの
クリームソーダ

Summer mint

爽やかな青色にミントを加えて。
ミントの香りを
炭酸にしっかりつけることがポイントです。

Recipe 26

● 材料（1杯分） ●

【水色の炭酸水】
青色シロップ ……………… 15mℓ
炭酸水 ……………………… 25mℓ

ライム ……………………… ½個
ガムシロップ（8mℓ）………… 2個
ミント ……………………… 2～3枝
炭酸水 ……………………… 125mℓ
氷 …………………………… 適量
バニラアイス ……………… 適量

● 作り方 ●

1. 計量カップに水色の炭酸水の材料を注ぎ、そっと混ぜる。

2. ライムはトッピング用に少しだけ残し、しぼり器で果汁をしぼる。

3. 別の計量カップに2のライム果汁、ガムシロップ、ミントの葉15枚ほどを入れ、炭酸水を注ぎ、ミントを潰しながら混ぜる。

4. グラスに1の水色の炭酸水を注ぐ。氷をそっと入れ、途中でミントをバランスよく入れる。

5. 3の炭酸水を、グラデーションになるようにそっと注ぐ。

6. バニラアイスをのせ、2のトッピング用のライムを飾る。

● Point ●

左／3でカップに炭酸水とミントを入れたら、香りを移すように軽く潰します。
右／4で氷をグラスに途中まで入れたら、ミントを2本程度グラスのふちに差し入れます。ピンセットを使うと入れやすいです。

Autumn leaves

色づく紅葉の
クリームソーダ

秋の景色をグラスの中に。
鮮やかに色づいていく
季節の移り変わりをお楽しみください。

Recipe 27

● 材料（1杯分）●

グレナデンシロップ ……………………… 15mℓ
氷 ………………………………………………… 適量
黄色シロップ ……………………………… 25mℓ
炭酸水 ……………………………………… 125mℓ
バニラアイス、冷凍いちご …………… 各適量

● 作り方 ●

1　グラスにグレナデンシロップを入れ、氷をそっと入れる。

2　計量カップに黄色シロップと炭酸水を注ぎ、そっと混ぜる。

3　1のグラスに2の炭酸水を少し注ぎ、黄色と赤の境目をマドラーでそっと混ぜて、グラデーションを作る。残りの炭酸水をそっと注ぐ。

4　バニラアイスをのせ、5mm角程度に切った冷凍イチゴを添える。

Chestnut
秋色のマロンクリームフロート

こっくりとした
栗の甘みをいかしたフロートです。
トッピングには黒蜜をかけて。

Recipe 28

● 材料（1杯分） ●

栗の甘露煮	60g
甘露煮のシロップ	20㎖
牛乳	100㎖
バニラエッセンス	数滴
ヨーグルト	30g
氷	適量
バニラアイス、黒蜜、ミント	各適量

● 作り方 ●

1 栗の甘露煮はトッピング用に少し残しておく。残りの栗の甘露煮、甘露煮のシロップ、牛乳、バニラエッセンスをミキサーに入れ、混ぜる。

2 グラスにヨーグルトを入れ、氷をそっと入れる。

3 *1*をそっと注ぐ。

4 バニラアイスをのせ、黒蜜をかけ、*1*のトッピング用の栗の甘露煮とミントを添える。

● Point ●

アイスをのせたら、上から黒蜜をかけましょう。できるだけゆっくりと垂らしていきます。

073

Snow day

雪 の 日 の
クリームソーダ

粉雪がしんしんと降る日、
窓辺で景色を眺めていた時に、
ふと思いついたクリームソーダ。
ヨーグルトのしゃりしゃりと
炭酸のしゅわしゅわで、
食感も楽しめます。

● 材料（1杯分）●

ヨーグルト	200g
カルピス	20mℓ
ガムシロップ（8mℓ）	2個
レモン汁	小さじ1
炭酸水	80mℓ
ホイップクリーム、アラザン、粉砂糖、さくらんぼ	各適量

● 作り方 ●

1 ヨーグルトは冷凍庫で凍らせておく。

2 計量カップに **1** のヨーグルト、カルピス、ガムシロップ、レモン汁、炭酸水を注ぎ、混ぜながらシャーベット状にする。

3 グラスにそっと注ぐ。

4 ホイップクリームを絞り、アラザン、粉砂糖を振り、さくらんぼを飾る。

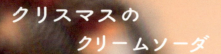

クリスマスの
クリームソーダ
Christmas

華やかなツリーをイメージした
ちょっと贅沢なクリームソーダ。
クリスマスが待ちきれない時、
一足先に楽しんでください。

Recipe 30

076

• 材料（1杯分）•

青色シロップ …………………… 18mℓ	いちご ………………………………… 適量
緑色シロップ …………………… 5mℓ	氷 ……………………………………… 適量
ガムシロップ（8mℓ）………… 2個	バニラアイス、ホイップクリーム、
炭酸水 …………………………… 135mℓ	ミント …………………………… 各適量

• 作り方 •

1. 計量カップに青色シロップと緑色シロップを入れて混ぜ、グラスに入れる。

2. 別の計量カップにガムシロップと炭酸水を注ぎ、そっと混ぜる。いちごはトッピング用に1個残し、半分に切る。

3. *1*のグラスに、氷を半分程度の高さまでそっと入れる。その上に、*2*のいちごをグラスのふちまで入れる。

4. *2*の炭酸水を注ぐ。

5. バニラアイスをのせて、そのまわりに円を描くように、ホイップクリームを絞る。

6. バニラアイスの上にもホイップクリームを絞り、*2*のトッピング用のいちごとミントを添える。

• 思い出のクリームソーダ •

これまでのたくさんのクリームソーダの中で、一番がどれかというのは選べないのですが、そんな中でも思い出に残っているものがいくつかあります。

ひとつは、香川の小豆島へ一人旅に出かけた時、何気なく入った喫茶店のクリームソーダ。はじめて行く場所で知っている人もいなくて土地勘もないのに、簡素なグラスに注がれた緑色のクリームソーダはなつかしい味がする。それが、とても印象に残っています。

自分で作ったクリームソーダで思い出深いのは、おじいちゃんとおばあちゃんに作ったクリームソーダ。

あとは、夏に京都旅行へ行った時に作ったクリームソーダ。海が見える旅館でゆったり景色を眺めながら、飲んだクリームソーダが最高でした。これは弟と旅をして、一緒に作ったクリームソーダです。

思い返すと記憶に強く残るクリームソーダは、誰かのために作ったものが多い気がします。旅する喫茶に来てくださった方に作ったり、大切な人へ作ったりするクリームソーダが、一番幸せな気持ちになれる1杯なのかもしれません。

大人の
クリームソーダ

Adult.

Ginger syrup
Matcha milk
Plum wine
Sake and canned fruit
Kahlua and cola

ジンジャーシロップ の
クリームソーダ

Ginger syrup

生姜を使った大人の味。
シナモンの香りと、
ピリリと辛い赤唐辛子がきいた
ジンジャーシロップで作りました。

Recipe 31

● 材料（1杯分）●

ジンジャーシロップ ……… 30mℓ
炭酸水 ……………………… 120mℓ
氷 …………………………… 適量
バニラアイス、レモン（3mm幅の半月切り）、生姜糖、ミント
………………………………… 各適量

● 作り方 ●

1 計量カップにジンジャーシロップと炭酸水を注ぎ、そっと混ぜる。
※他のシロップよりも泡立ちやすいので、ゆっくり注いでください。

2 グラスに氷を入れ、*1*の炭酸水をそっと注ぐ。

3 バニラアイスをのせて、半月切りのレモン、細切りにした生姜糖、ミントを添える。

ジンジャーシロップの作り方

材料（作りやすい分量）
生姜 ………………………… 100g
グラニュー糖 ……………… 50g
A ┃ 水 ………………………… 50mℓ
　┃ はちみつ ……………… 大さじ1
　┃ レモン汁 ……………… 小さじ1
　┃ シナモンスティック …… 1本
　┃ 赤唐辛子 ………………… 1本

1 小鍋に薄切りにした生姜、グラニュー糖を入れて弱火にかけ、混ぜながら溶かす。
2 **A**を加え、弱火にして15分ほど煮る。

ジンジャーシロップは煮沸消毒した瓶に入れ、冷蔵庫で3日ほど保存できます。

Matcha milk

抹茶ミルクの フロート

濃厚でほろ苦い抹茶と
甘い牛乳の組み合わせは最高です。
黒蜜ときな粉のトッピングで、
純和風テイストに。

● 材料（1杯分）●

抹茶 ……………………………… 3g
湯 ………………………………… 30mℓ
ガムシロップ（8mℓ）………… 2個
氷 ………………………………… 適量

牛乳 …………………………… 120mℓ
バニラアイス、黒蜜、きな粉
　………………………………… 各適量

● 作り方 ●

1. 計量カップに抹茶と湯を入れ、よく混ぜて溶かす。

2. ガムシロップを加え、よく混ぜる。

3. グラスに2の抹茶を入れ、氷をそっと入れる。

4. 牛乳を注ぎ、そっと混ぜて、マーブル模様を作る。

5. バニラアイスをのせて、黒蜜をかけ、きな粉を振る。

梅酒 のクリームソーダ
Plum wine

梅の芳醇な香りとコクが
アイスと相性抜群の大人のクリームソーダ。
梅酒は作っても買ってきてもOK。
いろいろな梅酒で試してみてください。

Recipe 33

● 材料（1杯分）●

梅酒	70㎖
レモン汁	小さじ1
炭酸水	70㎖
氷	適量
バニラアイス、さくらんぼ、ミント	各適量

● 作り方 ●

1 計量カップに梅酒、レモン汁、炭酸水を注ぎ、そっと混ぜる。

2 グラスに氷を入れ、*1*の炭酸水をそっと注ぐ。

3 バニラアイスをのせて、さくらんぼとミントを添える。

梅酒の作り方

材料（2L瓶1本分）

青梅	500g
氷砂糖	400g
ホワイトリカー（アルコール度数35℃以上のもの）	900㎖

1 青梅はしっかり洗って、竹串を使ってヘタを取り、完全に水気をふき取る。

2 煮沸消毒した瓶に、青梅と氷砂糖を交互に詰めて、ホワイトリカーを注ぐ。

3 密閉して、氷砂糖が溶けきるまでたまに瓶をゆすってなじませる。1年ほど寝かせたら完成。

Sake and canned fruit

日本酒とフルーツ缶の
クリームソーダ

日本酒と甘いフルーツを組み合わせた
クリームソーダ。
すっきりとした
スパークリング系の日本酒で
作るのがおすすめです。

● 材料（1杯分）●

かぼす	½個
フルーツ缶	1缶
日本酒	150㎖
氷	適量
バニラアイス、ミント	各適量

● 作り方 ●

1 かぼすはしぼり器で果汁をしぼる。

2 計量カップに *1* のかぼす果汁、缶詰のシロップ20㎖、日本酒を注ぎ、そっと混ぜる。

3 グラスに缶詰のフルーツと氷を、バランスを見ながら交互に入れる。

4 *2* の日本酒をそっと注ぐ。

5 バニラアイスをのせて、ミントを添える。

● Point ●

氷とフルーツをグラスに交互に入れていきます。ポイントでさくらんぼを加えるとアクセントになってまとまりよく仕上がります。

Kahlua and cola

カルーアコーラの
クリームソーダ

ほろ苦いコーヒーリキュールと
爽快感のあるコーラは
意外とぴったりの組み合わせ。
どちらの美味しさも引き立つ大人な
クリームソーダで夜を楽しんでみてください。

● 材料（1杯分）

カルーア	35ml
コーラ	105ml
レモン汁	小さじ1
氷	適量
レモン（2mm幅の輪切り）	2枚
バニラアイス、さくらんぼ	各適量

● 作り方 ●

1　計量カップにカルーア、コーラ、レモン汁を入れ、そっと混ぜる。

2　グラスに氷をそっと入れ、途中で輪切りのレモンをグラスの側面へバランスよく入れる。

3　1のカルーアコーラをそっと注ぐ。

4　バニラアイスをのせて、さくらんぼを飾る。

Column 06

・クリームソーダ会をしよう・

お家で手軽に作れるクリームソーダ。
友達や家族、大切な人と一緒に集まって作る、
クリームソーダ会を開催してみませんか?
きっと楽しい時間を過ごせるはずです。

1. テーマを決める

まずはその日のテーマを決めましょう。例えばフルーツ。例えばご当地サイダー。テーマを一緒に決めれば話も広がって楽しい会になります。

本書でもいろいろなクリームソーダを紹介しているので、参考にしていただき、この中からテーマを選んでみてもいいかもしれません。

2. 買い出しに行く

テーマが決まったら、次は買い出し。グラスは100円ショップでも手に入れられます。デザインもいろいろありますし、安価で手に入るのではじめてのクリームソーダ会にぴったりです。

スーパーでは、炭酸水や氷、トッピングに使うさくらんぼも。テーマがフルーツなら青果コーナーも回ります。いつも行くスーパーがキラキラして、また違った世界に見えてくるはず。

090

3. 材料を用意する

みんなで決めたテーマに沿って買ってきた材料を並べて、クリームソーダ作りの準備をしましょう。フルーツなら使いやすくカットして。ご当地サイダーなら冷やしておきましょう。

4. グラスを選ぶ

グラスを並べて、自分のクリームソーダのイメージに合うものを選んでみてください。きれいなソーダの色を見せたいなら細長いもの、ほっこりした雰囲気にしたいなら丸いもの、など。P20も参考にしてみてくださいね。

$5.$ 作る

　さあ、いよいよクリームソーダを作っていきます。

　みんな思い思いに、わいわい自由に作っていくのがクリームソーダ会の醍醐味。お家で作ればアイスを2つのせたり、何杯も作っても大丈夫。心ゆくまでお喋りをしてクリームソーダ会を楽しみましょう。

・ 完 成 ！ ・

• *Cream soda collection* •

今までに開催した思い出深いクリームソーダ会をご紹介します。

⟨ キャンプのクリームソーダ会 ⟩

自家製梅酒や果実酒で大人味のものを作ったり、その場で作ったシロップを使ったりしました。大自然の中でゆったり過ごす時間は特別なひととき。

⟨ フルーツと野菜の
クリームソーダ会 ⟩

フルーツと野菜のちょっと健康志向のクリームソーダ会。フルーツと野菜をうまく組み合わせることで飲みやすいクリームソーダが作れます。みんなで考えれば新しい味が発見できるのも楽しい。

⟨ 古民家のクリームソーダ会 ⟩

夏の古民家で開催したクリームソーダ会。なつかしい緑や青のかき氷シロップで作りました。トッピングはさくらんぼ。素敵な夏の思い出です。

⟨ 台湾のクリームソーダ会 ⟩

台湾では、市場でここならではのフルーツを購入。はじめてのフルーツにどきどきしながら作りました。どれも美味しくて世界にはまだ知らないものがたくさんあるんだなと実感しました。

・ おわりに ・

　いつか、クリームソーダのある喫茶店でもあり、大好きな服も置いてあるような、"好き"が詰まったお店を開きたいと思っています。

　そこは、たくさんの人が集まるお店で、来てくださる方の人生の一部となるような場所であってほしい。

　例えば、モーニングに来たら僕らが出迎えて、お客さん同士もそのうち顔見知りになったりする。ランチ後には誰かと誰かが打ち合わせをしていたり、夜はお酒を飲みながらいつの間にか知らない人と仲良くなっていたり。そこに少しずつ生まれる小さなコミュニティが、長い時間をかけ、やがて大きなひとつの街となるようなイメージです。

　僕は、そこに集まる人たちの"人生のデザイン"をさせてもらえるような、そんなデザイナーでありたいと思っています。そしてその夢に向かって、服を作り、最高の喫茶を仲間と一緒に作りはじめています。

　今、僕一人ではじめたクリームソーダ作りが、少しずつ人の目にとまり、幸せな気持ちをたくさんの人と共有できるようになってきました。それと同じように、みなさんも、大切な人と素敵な時間、幸せな時間を過ごしていただけたら。

　この本に詰め込んだレシピが、みなさんの日常の一コマを少しでも豊かなものにするお手伝いができたら、これほど幸せなことはありません。

tsunekawa

撮影	tsunekawa
フードスタイリング	茂庭 翠
フードスタイリングアシスタント	島方端乃、山本 咲
アートディレクション	細山田光宣
デザイン	鎌内 文、鈴木沙季（細山田デザイン事務所）
校正	東京出版サービスセンター
撮影協力	株式会社XICO
編集	森 摩耶（ワニブックス）

空色のクリームソーダRecipe

2019年8月23日 初版発行
2020年8月10日 3版発行

著者 ………… tsunekawa

発行者 …… 横内正昭

編集人 …… 青柳有紀

発行所 …… 株式会社ワニブックス
　　　　　〒150-8482
　　　　　東京都渋谷区恵比寿4-4-9 えびす大黒ビル
　　　　　電話　03-5449-2711（代表）
　　　　　　　　03-5449-2716（編集部）
　　　　　ワニブックスHP　http://www.wani.co.jp/
　　　　　WANI BOOKOUT　http://www.wanibookout.com/

印刷所 ……… 大日本印刷株式会社
DTP ……… 株式会社オノ・エーワン
製本所 ……… ナショナル製本

定価はカバーに表示してあります。
落丁本・乱丁本は小社管理部宛にお送りください。送料は小社負担にてお取替えいたします。ただし、古書店等で購入したものに関してはお取替えできません。
本書の一部、または全部を無断で複写・複製・転載・公衆送信することは法律で認められた範囲を除いて禁じられています。

©tsunekawa 2019
ISBN978-4-8470-9816-1